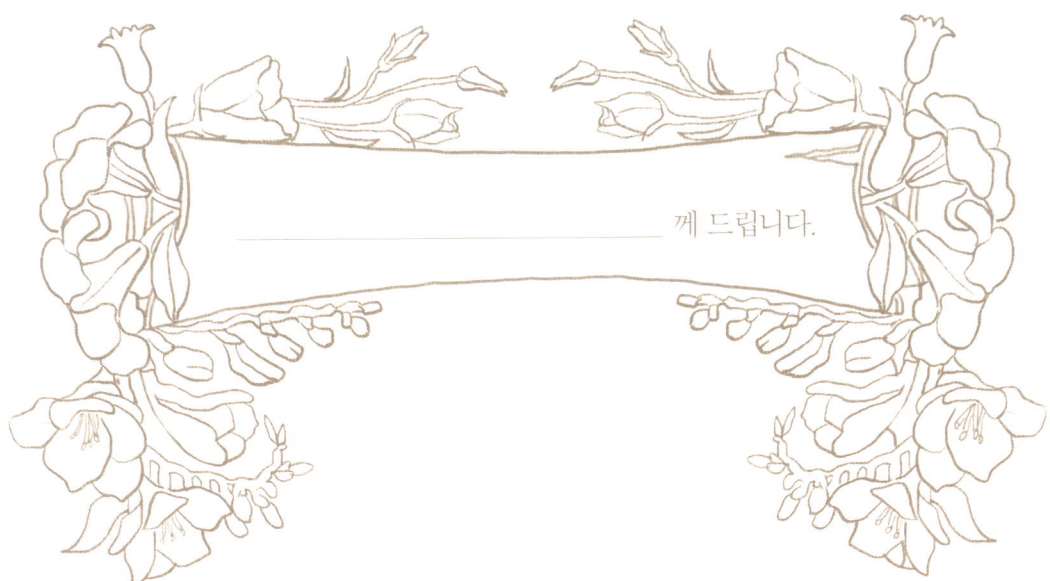

_____ 께 드립니다.

건강한 취미 시리즈 1

묵상하며 컬러링

샤인 그리고 김병두 씀

A Hope

색칠 쉽게 하는 방법

1. 결이 있는 그림은 결을 따라 색칠합니다.

2. 꽃잎은 한 잎 한 잎 색칠하는 방법도 있지만, 덩어리로 먼저 색칠하고 부분 부분을 강조해 주면 좋습니다.

3. 건물을 칠할 때는 한 면을 밝은색으로 먼저 색칠해 주세요. 그리고 좀 더 진한 색으로 그림자 부분을 덧칠해 주시면 쉽게 색칠할 수 있습니다. 전체 면을 색칠할 때는 힘을 빼고 칠해주셔야 힘들지 않습니다.

4. 벽돌을 칠할 때는 같은 면을 먼저 색칠해 주시고 벽돌 부분 부분을 어두운색이나 밝은색으로 강조해 줍니다.

들어가며

그리스도인에게는 매일, 매 순간 복음이 필요합니다. 그 좋은 소식이 구원이며, 구원은 삶의 모든 것을 새롭게 하기 때문입니다. 복음은 허락된 삶의 모든 영역을 의와 사랑으로 살아가게 합니다. 우리의 전인(몸과 영혼)이 하나님을 기뻐하고 사랑하며, 허락하신 이웃들을 사랑함으로 살게 하는 것, 그것이 복음의 능력입니다. 그래서 우리는 매일 성경을 읽고 때마다 기도하고, 말씀으로 일하시는 성령님을 의지함으로 의와 사랑의 삶을 살아갑니다.

기독교 신앙은 몸과 영혼을 분리하여 다루거나 둘 중 하나가 더 중요하다고 가르치지 않습니다. 몸과 영혼은 서로에게 영향을 미치며 전인으로서 존재합니다. 영생과 마지막 날의 부활도 전인의 구원을 보여줍니다. 그러니 전인을 잘 살피고 하나님의 뜻을 좇는 것이 우리의 삶이어야 합니다.

우리는 인류 역사상 그 어느 때보다 빠른 속도와 수많은 정보 속에서 다양한 스트레스를 받으며 살고 있습니다. '컬러링'은 그런 면에서 현대인들의 스트레스를 줄이는 데 도움을 주고 있고, 치매 예방에도 적극적으로 활용되고 있습니다. 이 책은 짧은 시편 묵상글과 함께 컬러링을 할 수 있도록 구성되어 있습니다. 복음의 다양한 측면들을 곱씹어 보면서 몸과 마음을 하나님의 은혜에 집중할 수 있기를 바랍니다.

오늘의 묵상

죄는 숨거나, 스스로의 힘으로 법을 지켜 감당할 수 있는 문제가 아닙니다. 용서받고 참된 사랑을 의지할 때, 하나님의 인자하심을 깊이 누릴 때, 죄를 이기며 살아갈 수 있습니다. 그때 우리는 여호와를 기뻐하며 즐거워하고, 즐거이 노래하며 감사할 수 있습니다. (시편 32:6-11절 묵상 내용 중에서)

오늘의 묵상

예수님은 십자가에서 뭇사람들로부터 배신당하고 부인당하고 거절당하고 무시당하셨습니다. 그런데도 하늘 아버지를 신뢰하고 그 손에 자신을 맡기셨습니다. 그 순종하심으로 우리는 영생을 얻었고 영원한 소망을 누립니다. 하나님 앞에 의롭게 서서 하나님 나라 백성의 삶, 그분과 기쁘게 교제하며 자녀로 사는 복을 얻었습니다. (시편 31:1-8절 묵상 내용 중에서)

오늘의 묵상

딸바보 아빠들은 퇴근을 기다립니다. 집 문을 열고 들어가면 세상 그 무엇과도 바꿀 수 없는 한 아름다운 존재가 자신을 기뻐하며 달려 나오기 때문입니다. 그 순간을 다른 것과 바꾸려는 사람은 없을 겁니다. 우리는 우리를 지으신 하나님을 기뻐할 때 가장 행복한 인생들입니다. 그리스도를 통해 그분께 나아가 볕과 바람과 별과 달을 보며 하나님을 함께 노래하지 않으시겠습니까! 거기에 인생의 참된 즐거움과 사랑이 있습니다. (시편 33:1-9절 묵상 내용 중에서)

04

오늘의 묵상

"하물며 너희일까 보냐"라는 주님의 말씀을 잊지 맙시다. 그 무엇도 도움이 되지 않을 때, 진정한 우리의 도움이 되시는, 아니 도움이 아니라 우리가 바라고 기뻐해야 할 영원한 찬양과 기쁨이 되시는 구주께 나아갑시다. 거기에 만족과 안식과 참된 생의 즐거움이 있습니다. 의심이 되십니까? 그리스도께서 십자가를 지신 그 사랑을 바라보십시오. 그것보다 더욱 확실한 보증은 세상에 없습니다. (시편 33:10-22절 묵상 내용 중에서)

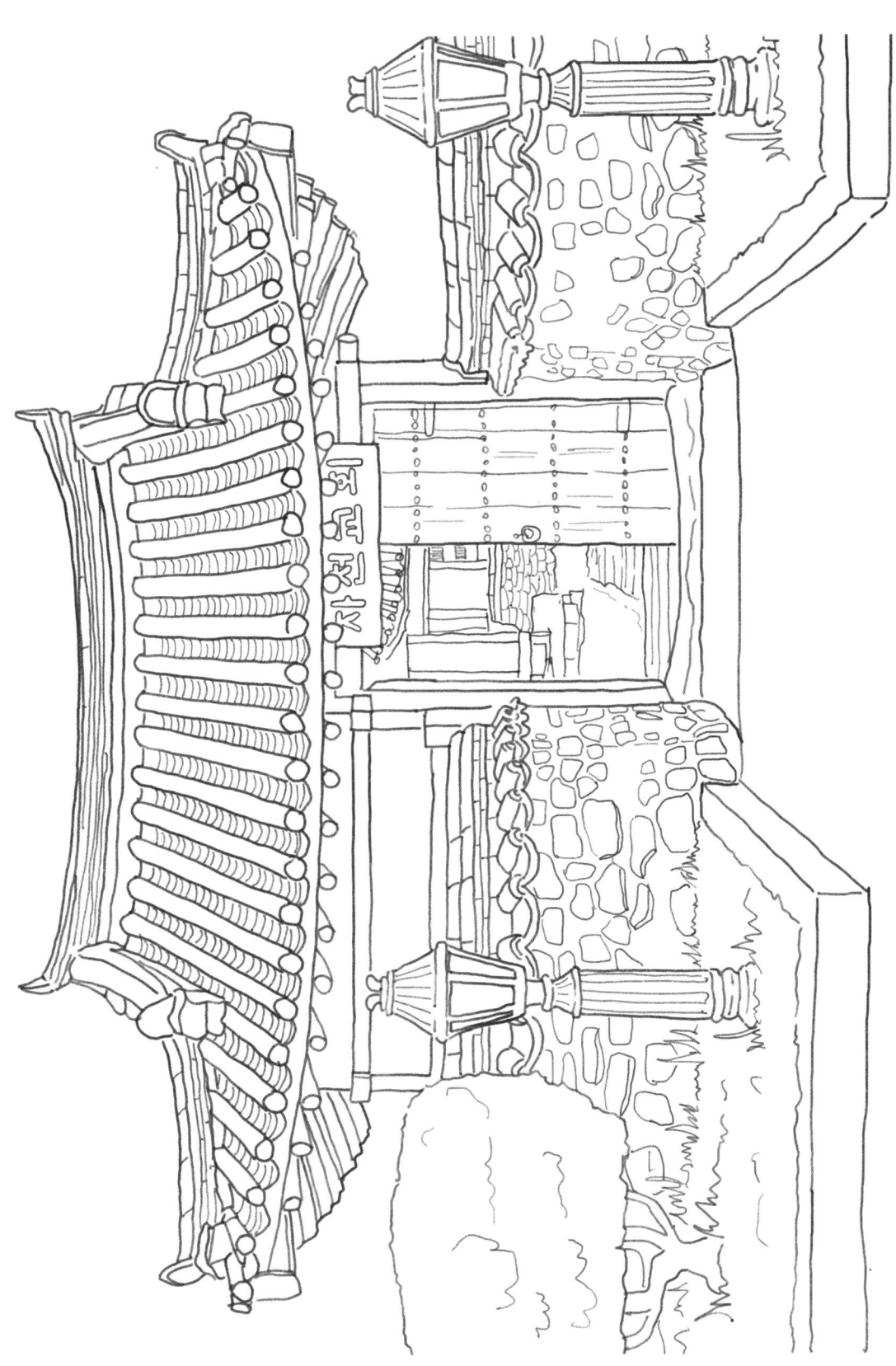

오늘의 묵상

'괜찮다' 싶은 순간들을 살다 보면, 죽음을 잊습니다. 한편 너무 힘든 일들을 마주하면 죽음이 피할 길이 되고 안식이 되어줄 거 같습니다. 아닙니다. 죽음과 그 죽음의 원인인 죄를 제대로 보고, 희생 제물이 되신 그리스도를 마주할 때, 그분이 우리를 위해 죽으시고 부활하신 그 일을 믿을 때, 우리는 진정 죽음 앞에서 지혜를 얻습니다. 죽음을 이기는 영광을 봅니다. (시편 90:5-12절 묵상 내용 중에서)

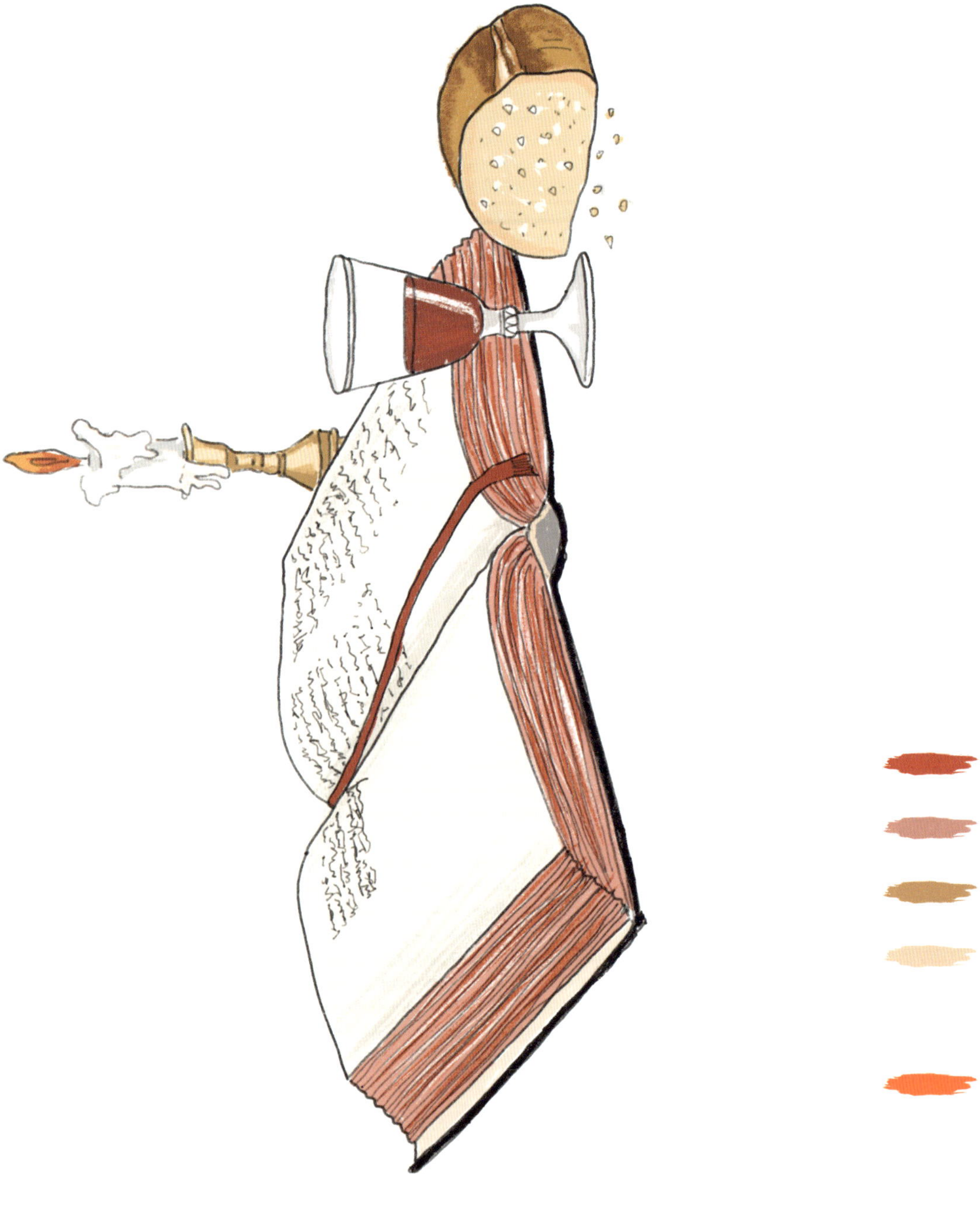

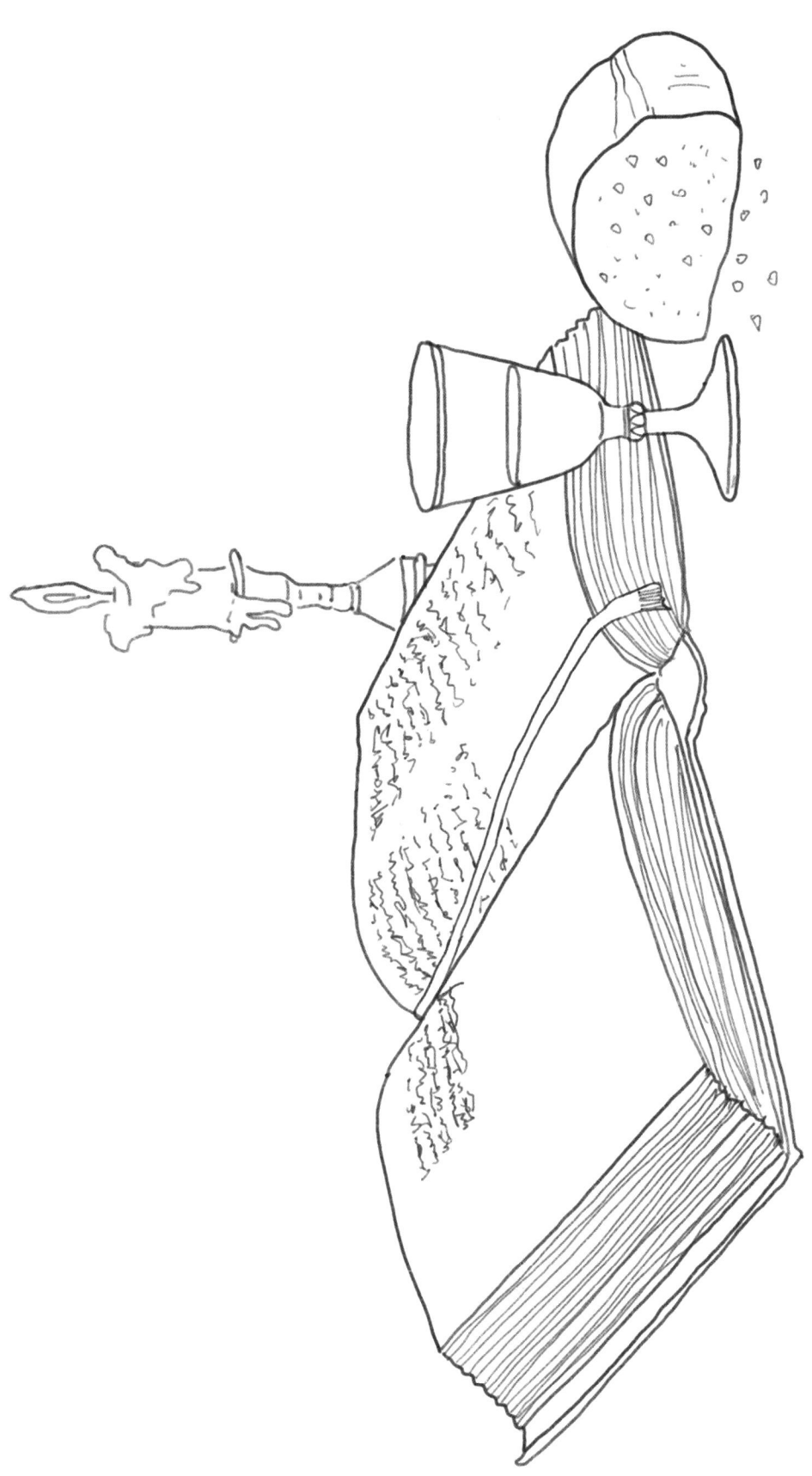

오늘의 묵상

예수님은 까닭 없이 미움을 받으셨습니다. 거짓 증언과 재판 절차를 제대로 지키지도 않은 재판 과정, 그리고 거짓된 이유로 가장 고통스러운 십자가에서 죽으셨습니다. 그리고 그 십자가는 인생들이 서로를 부당하게 대우하는 죄, 그 죄를 대신 지시고 예수님께서 우리를 대신하여 하나님의 공의로 심판을 받으신 자리였습니다. (시편 35:1-10절 묵상 내용 중에서)

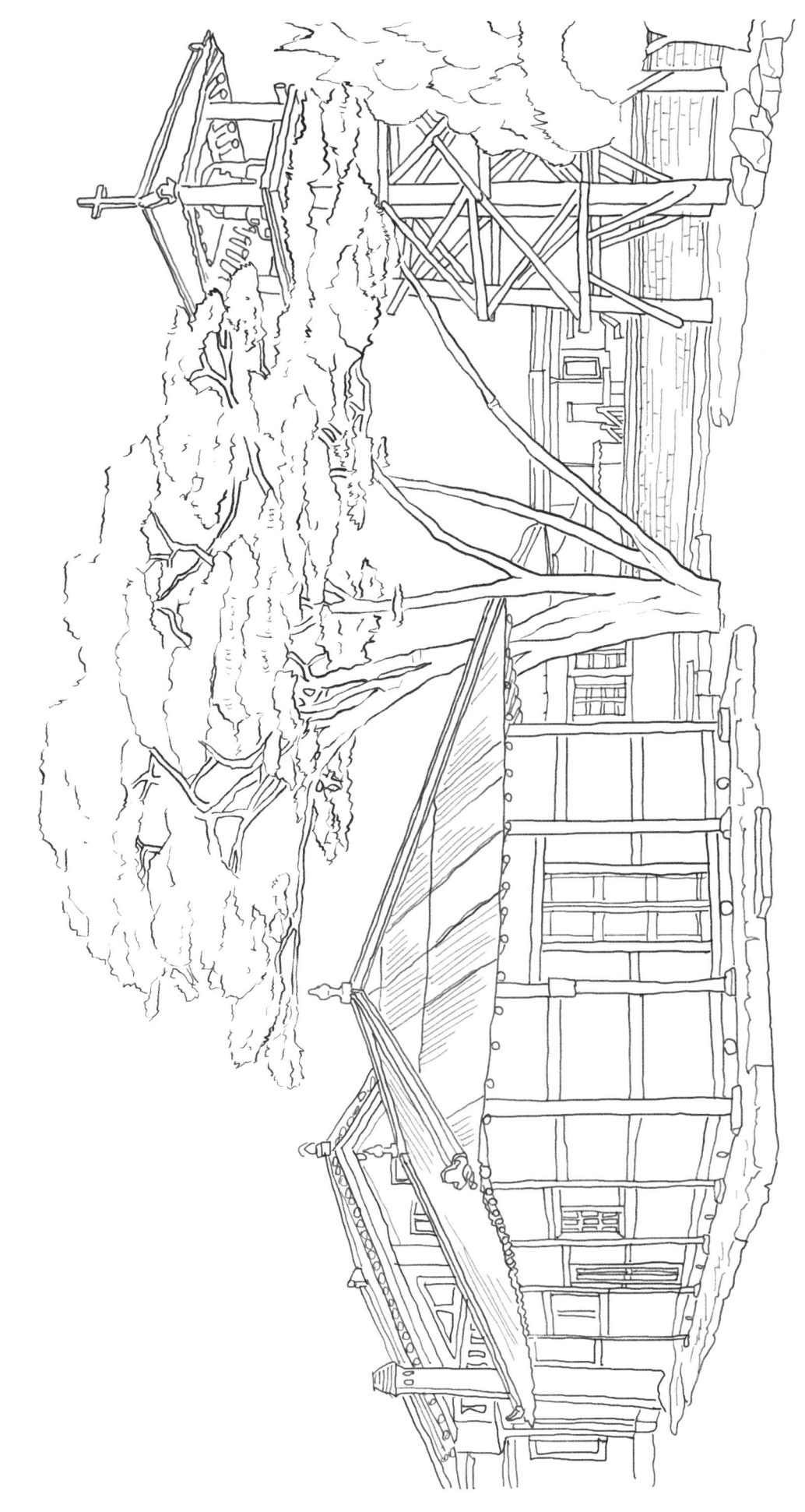

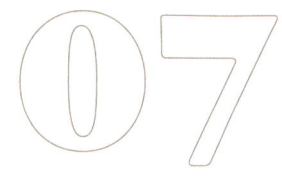

오늘의 묵상

그리스도를 통하여 죄를 용서받고, 하나님과 관계를 회복하는 일, 성령께서 말씀을 통하여 우리의 마음을 새롭게 하시는 일. 그렇게 삼위 하나님의 자비로 인하여 우리는 새로움을 입습니다. 그렇지 못한 애씀 들은 결국 아름다운 결실을 맺지 못합니다. 그저 종교적인 양식을 따르는 것으로는 자기 의를 더욱 굳게 할 뿐입니다. 우리 스스로의 힘으로 구원을 이룰 수 있었다면 그리스도께서 이 땅에 오시지 않으셨을 것입니다. (시편 36:1-4절 묵상 내용 중에서)

오늘의 묵상

내가 당연히 누려야 한다고 생각하는 삶은 누리지 못한 채, 남들이 나보다 나은 삶을 살고 있다는 생각으로 마음 앓이를 합니다. 그런 인생들을 향해서 다윗은 이야기합니다. 잘 되어 보이는 악인들의 삶은 베인 풀처럼, 잘린 꽃처럼 시들어 버릴 것이라고. 좌절감 속에서 헤매지 말고 하나님의 손에 맡기고 하나님의 성품과 그분이 이루신 역사 속에서 마음의 소망을 찾으라고. 그렇게 하나님을 의지하면서 꾸준히 허락하신 일상을 살아가라고 촉구합니다. 자기 연민에 빠지면 마땅히 해야 할 일들을 놓치기 때문입니다. (시편 37:1-11절 묵상 내용 중에서)

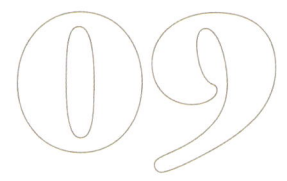

오늘의 묵상

십자가는 우리에게 악의 마지막이 어떻게 될지를 잘 보여줍니다. 그리고 거기에는 우리 자신도 못 박혀 있습니다. 그것을 알기에, 그리스도인들은 겸손하면서도 감사하는 삶의 태도를 가질 수 있는 것입니다. 복음 때문에 말입니다. 그리스도로 말미암아 도무지 상상할 수조차 없는 아름다운 미래가 우리를 기다리고 있다는 사실을 잊지 마십시오. 그 미래는 다른 길로는 결코 닿을 수 없는 것입니다. 오직 그리스도만을 통해서 주어지는 복입니다. 그것이 복음입니다. (시편 37:35-40절 묵상 내용 중에서)

10

오늘의 묵상

주저앉아 눈물을 쏟는 것 말고는 아무것도 할 수 없을 때가 있습니다. 온갖 문제들이 얽히고설켜 한꺼번에 해일처럼 덮쳐옵니다. 자신의 죄의 문제와 함께 억울한 심정을 품기도 합니다. 죄로 인해 아파하면서도 화가 납니다. 숨이 막히죠. 그 속에서 우리는 인생이 얼마나 연약한지 보게 되고, 몸과 영혼이 얼마나 쉽게 피폐해지는 지를 경험하게 됩니다. 다윗처럼. 그러나 그때 실패하지 않으시고 변치 않으시는, 철저하게 스스로를 언약으로 매어 우리에게 자비를 베푸시는 분께 기도해야 합니다. 우리 구주의 이름으로 말입니다. [시편 38편 묵상 내용 중에서]

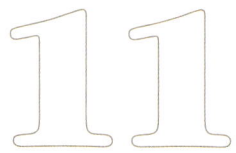

오늘의 묵상

약속되었고 영광스럽게 주어진 복음의 기쁨과 소망을 잃지 마십시오. 단순히 여기서 잘 먹고 잘 사는 욕망을 따르는 기도가 아니라, 하나님의 약속을 신뢰하며 세상이 결코 줄 수 없는 그리스도 안에서의 영광을 누리고 놓치지 않기 위해 기도합시다. 복음으로, 그 좋은 소식에 기대어 기도합시다. 주님, 제발 도와주십시오. 그것은 자존심 상하거나, 약한 것이 아니라, 좋은 소식으로 주어진 영광입니다. (시편 38편 묵상 내용 중에서)

12

오늘의 묵상

당연하게 생각하는 일상 그리고 은혜라고 이야기하지만 이미 주어진 당연한 것처럼 여기는 복음. 그러한 삶의 어리석음에는 원망과 불평이 서서히 삶을 잠식하는 일만 남습니다. 우리에게 매일 필요한 것, 잠들어 있는 교회가 잠을 깨고 일어나 세상에 복을 흘려보낼 수 있는 유일한 길은, 다 알고 있는 거 같고 당연하다 생각하는 복음, 그 복음이 얼마나 모든 일에 아름답고 좋은 소식인지를 재발견하는 일입니다.

[시편 106:6-12절 묵상 내용 중에서]

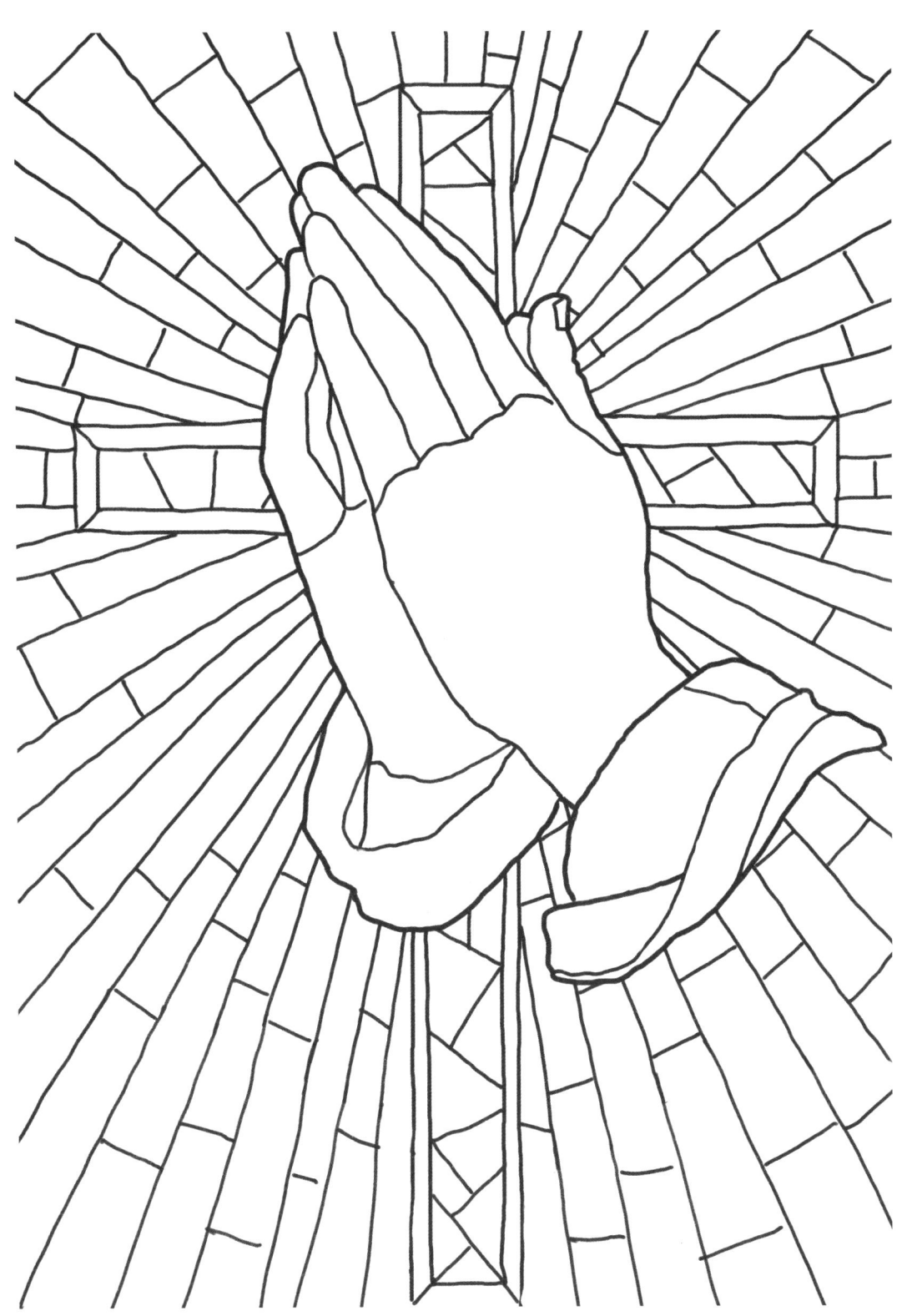

13

오늘의 묵상

예수님은 가난하고 약하고 소외된 이들이 돌봄을 얻고, 원수를 사랑하며, 남을 위해 목숨을 내놓는 삶, 곧 하나님 나라의 임함을 선포하시면서 회개하라고 말씀하셨었습니다. 그것은 도덕적 이상의 길을 살아내라는 요구가 아닙니다. 누구도 그러한 삶을 자신의 힘으로 살아갈 수 없습니다. 하나님 나라가 요구하는 그 삶을 살 수 없는 인생임을 깨달아야 합니다. 회개하고 그 인생들의 죄를 사하시며 하나님과의 관계를 회복하게 하시는 분을 믿어야 합니다. 하나님 나라를 누리고 기뻐하고, 사랑하며 사는 삶을 얻도록 하시는 예수 그리스도를 믿고 의지해야 합니다. 거기에 하나님 나라가 있습니다. (시편 41:1-13절 묵상 내용 중에서)

14

오늘의 묵상

자기를 잘 알 필요가 있습니다. 자신의 기질과 성향 그리고 그 성향에 따라서 어떤 문제들에 쉽게 빠질 수 있는지 살펴야 합니다. 자신의 몸 상태도 잘 알아야 합니다. 몸 상태의 문제를 마음이나 영적인 문제로 오해해서 여러 가지 어려움에 더 깊이 빠져드는 경우들이 생각보다 많습니다. 사람이 영적인 존재라는 사실을 인식하고 그에 대한 어려움과 마귀의 공격이 있다는 사실도 알아야 합니다. 무엇보다 인생을 지으시고 구원하시는 하나님, 좋은 소식과 약속을 주신 하나님을 기억해야 합니다. 그것을 놓치면, 삶은 깊은 침체로 더욱 깊이 빠져들 수밖에 없습니다. (시편 42:1-11절 묵상 내용 중에서)

15

오늘의 묵상

하나님과의 언약을 깨고 깨어짐 속에서 살아가는 인생들에게는 자신을 지으시고 구원하시는 하나님만이 삶의 참된 소망이요, 충만함이 되십니다. 예수님의 말씀에 귀를 기울이고, 죄를 사하시고, 의롭다고 하시며, 살려 사랑의 춤을 추게 하시는 그분께 가십시오. 세상 그 어디서도 얻을 수 없는 소망과 생명이 거기에 있습니다. 하나님이 아닌 것들 속에서 하나님만이 주실 수 있는 소망과 기쁨을 찾는데 소중한 삶을 뺏기지 마십시오. (시편 43:1-5절 묵상 내용 중에서)

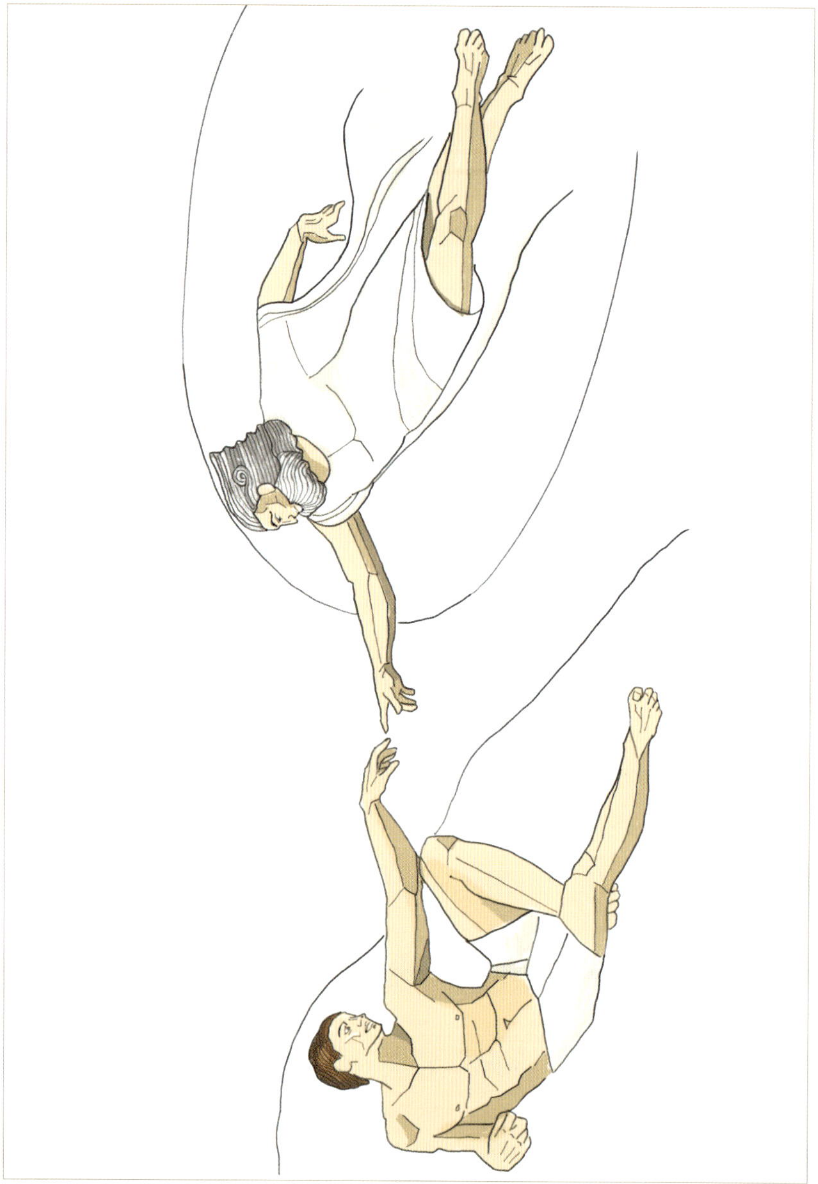

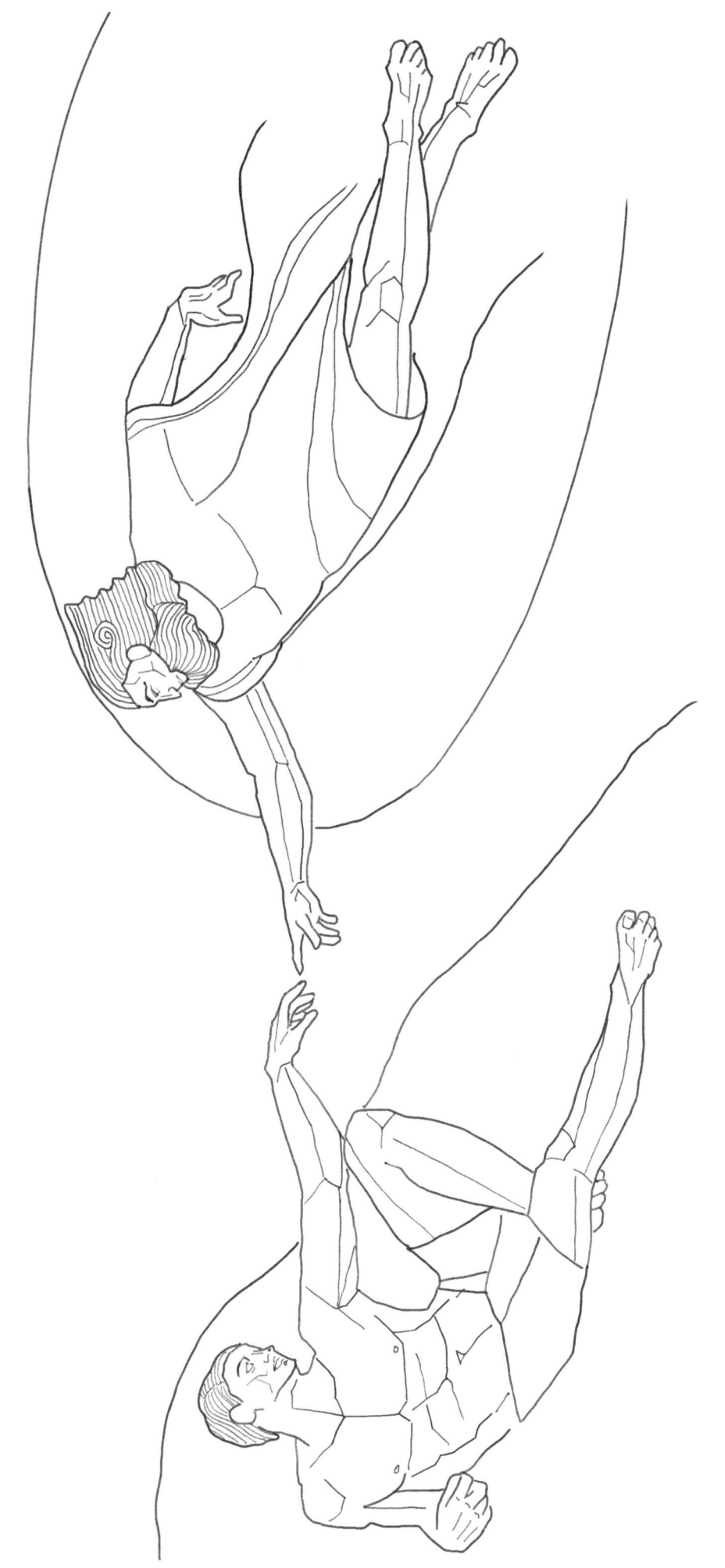

오늘의 묵상

하나님의 사랑을 생각한다면, 하나님의 선하심과 거룩하심 공의로우심도 당연히 함께 생각해야 합니다. 의로움이 무시되는 사랑은 사랑이 아닙니다. 지금 여기 우리는 하나님의 사랑을 당연히 받아야 하는 존재가 아닙니다. 그러니 그리스도를 통한 구원, 그리고 그 안에 담긴 사랑은 당연한 것이거나, 당연히 요구될 수 있는 것이 아님을 잊지 마십시오. 우리들의 삶에 주어진 모든 것들은 당연한 것이 아닙니다. (시편 44:1-8절 묵상 내용 중에서)

오늘의 묵상

회개는 후회가 아닙니다. 회개는 최대한 빨리 죄책감을 걷어 내는 것에 목적을 두지 않습니다. 회개는 자신을 지으시고 구원하시는 하나님을 기뻐하는 삶을 스스로 내어던지는, 적극적으로 반역하며 헛된 만족을 참된 것으로 여기는 자신을 보는 것입니다. 그리고 그분의 인자하심과 은혜, 긍휼을 기대어 구원의 기쁨을 회복시켜 주시길 간절히 바라는 것입니다. (시편 51:10-13절 묵상 내용 중에서)

오늘의 묵상

회개는 궁극적으로 하나님을 가까이 하고 누리는 것입니다. 교회 치리의 목적처럼 말입니다. 자신의 상태를 제대로 인식하는 것도 은혜의 빛 아래 서며, 그때 참된 소망과 생명과 즐거움이 되시는 주님을 바라보고 의지하며 회복을 누립니다. (시편 51:14-19절 묵상 내용 중에서)

오늘의 묵상

우리가 하나님의 사랑을 받을만한 아무 자격이 없는 인생임을 알아야 합니다. 그러나 또한 얼마나 큰 사랑을 받았는지도 잊지 않아야 합니다. 그 두 가지 은혜의 사실을 깊이 깨달을 때, 그 복음이 우리의 마음을 사로잡을 때, 우리는 자기혐오와 오만하게 만드는 자기애를 벗어날 수 있습니다. 자기중심적인 죄의 강한 영향력을 벗어나 성령님의 은총을 누리게 됩니다. (시편 52:1-4절 묵상 내용 중에서)

오늘의 묵상

그리스도의 이름으로 기도하는 우리의 기도를 들으시는 분이 계심을 잊지 마십시오. 그 누구도 들어줄 수 없는 아픔과 탄식을 들으시는 분이 계심을 잊지 마십시오. 삶에 허락된 그 어떤 귀한 것도, 하나님을 대신할 수는 없다는 것을 잊지 마십시오. 어린아이가 엄마 품에 있는 것과 같은 안식과 소망이, 하나님 안에 있음을 잊지 맙시다. 기도를, 하나님을 의지하는 삶을 놓치지 맙시다. 하나님이 우리를 포기하지 않으시기에. (시편 55:1-23절 묵상 내용 중에서)

21

오늘의 묵상

가짜 뉴스는 진실에 비해서 전파 속도도 빠르고 사람들이 현실을 제대로 보지 못하게 하며 두려움을 줍니다. 그러나 진리는 나와 너, 세상을 바르게 보게 하고, 신뢰와 사랑으로 살게 합니다. 이미 허락하신 그 복음 안에 잠기도록, 성령님의 인도하심을 구합시다. (시편 56:1-13절 묵상 내용 중에서)

오늘의 묵상

다윗에게 소망이 되었던 하나님의 인자하심과 신실하심, 그것을 우리는 십자가 속에서 봅니다. 그리고 그러한 소망과 확신은 모든 눈물을 거둬가실 것에 대한 확신, 지금 당장 어떤 일들이 벌어지든 간에 결국 모든 것이 바로잡히고 제대로 된 결과를 맞이하게 될 것이라는 확신으로 우리를 이끌어갑니다. 다윗의 강렬한 찬양의 토대는 거기에 있었습니다. (시편 57:1-11절 묵상 내용 중에서)

오늘의 묵상

그리스도가 우리에게 좋은 소식이 되는 이유는, 하나님의 함께 하시는 복을 자신의 죽음과 부활을 통해 부서진 관계 속에서 살아가는 우리들에게 주시기 때문입니다. 아무리 좋고 아름다운 곳에 있어도, 함께 있는 사람이 고통스러우면 병이 나는 것이 사람입니다. 그 고통은 참된 사랑이며 의로움이 되시는 삼위 하나님 안에 있을 때, 회복됩니다. 그리고 우리는 사랑하며 살 수 있습니다. [시편 84:1-4절 묵상 내용 중에서]

오늘의 묵상

그리스도가 우리에게 좋은 소식인 이유는, 그를 통하여 우리를 의롭게 하시고 하나님을 기뻐하는 삶을 살게 하시기 때문입니다. 그것은 아버지의 사랑의 계획이었고, 말씀을 통해 그것을 믿고 새로워지게 하시는 성령님의 역사입니다. (시편 87:1-7절 묵상 내용 중에서)

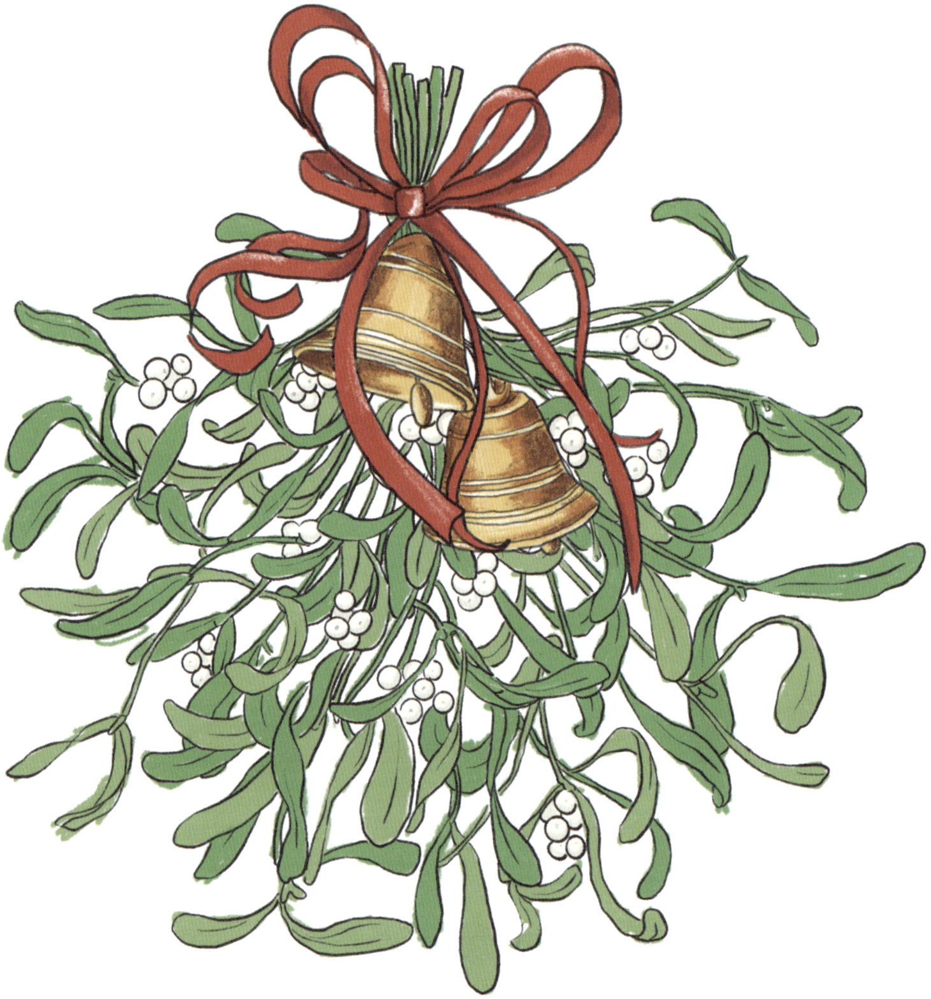

오늘의 묵상

우리 중에 누군가는 여러 가지 정황 속에서 세상이 말하는 성공적이라 할만한 삶의 자리로 갈 수 있을 것이고, 또 누군가는 이미 그런 삶의 자리를 살고 있을 것입니다. 그러나 그것은 삶의 일부분일 뿐입니다. 생의 어둠을 다 걷어내고 스스로가 구원자가 되어 '눈물 골짜기' 없이 삶을 살아갈 수 있는 인생은 없습니다. 그것이 하나님을 떠나 스스로 하나님이 되고자 한 인생이 겪는 비참함이기 때문입니다. (시편 88:1-9절 묵상 내용 중에서)

오늘의 묵상

하나님을 떠나 스스로 하나님이 되어 살거나 하나님을 대신할 다른 가짜 하나님을 찾는 인생들은, 분명 짧고 작습니다. 그리고 그렇게 짧고 작은 생은 죄와 죽음을 마주하며 고달픔을 매일 먹고 마십니다. 그래서 살과 피가 되어 우리 가운데 계셨던 예수님은 우리에게 복음, 좋은 소식입니다. 안식처를 잃은 이들이 안식처를 되찾아 영원히 누릴 수 있도록 하셨기 때문입니다. (시편 90:1-4절 묵상 내용 중에서)

오늘의 묵상

하나님의 것, 하나님의 백성, 하나님의 돌보심을 얻는 양 떼가 되는 일은, 삶의 주도권을 빼앗기는 노예의 삶이 아닙니다. 그분 안에 있을 때, 우리는 참 자유와 사랑을 누립니다. 하나님만이 의와 사랑을 온전히 충족시키시며 인생들을 이끄시고, 보호하시며, 공급하실 수 있습니다. 그것이 언약을 신실하게 이루시는 선하심과 인자하심, 성실하심으로 나타납니다. 그분은 반드시 선하신 우리의 하나님이 되십니다. 그 이끄심과 보호하심, 돌보심을 아는 것, 그것을 인정하고 고백하는 삶에 찬양이 있습니다. (시편 100:1-5절 묵상 내용 중에서)

오늘의 묵상

세상은 우리를 향해서, 지금 당신의 마음을 사로잡고 있는 소소한 혹은 큰 어려움 앞에, 하나님의 구원과 사랑과 인자하심과 긍휼이 무슨 힘이 있냐고, 그게 당장 어떤 의미가 있냐고 묻습니다. 그러나 우리는 그때마다 시인과 같이 그 당연한 듯한 구원과 은총이 얼마나 크고 아름다운 것인지를 보아야 합니다. 기억해야 합니다. 잊지 말아야 합니다. 머리로 아는 진리가 마음에서 멀어지지 않도록 해야 합니다. 그렇게 진리를 마주하고 곱씹을 때야말로 우리들의 심령은 엠마오로 가던 두 제자처럼 뜨거움을 경험하게 됩니다. 그래서 죄는 하나님과의 관계를 틀어지게 만들고 부수지만, 고난은 때때로 하나님과의 교제를 더욱 두텁게 만드는 기회가 됩니다. (시편 103:1-5절 묵상 내용 중에서)

오늘의 묵상

하나님은 의로우신 분이십니다. 그렇지만 놀라고 아프고 화가 난 이들의 기도를 외면하지 않으십니다. 그때, 우리는 기도하며 또 기도합니다. 의의 화신이 되어서, 마치 자신이 판단하고 보응하는 하나님이 되려 하지 않기를. 상대방이 변하고 새로워지기를 바라는 마음을 밀어두지 않기를. 사람을 죽음으로 몰아가는 악한 사회구조에 대해서도 의로움으로 대답하며 약자들을 돌볼 수 있기를. (시편 109:6-15절 묵상 내용 중에서)

묵상하며 컬러링

2023년 8월 9일 초판 1쇄 발행

그림 사인 글 김병두

펴낸이 임현주
펴낸곳 AHOPE **출판등록** 제2015-000135호(2015년 9월 18일)
주소 07349 서울특별시 영등포구 도신로58길 23-2, 1층
전화 02-849-9790 **팩스** 02-849-9791
이메일 9ahope@naver.com
홈페이지 http://www.ahope9.com

ISBN 979-11-957271-8-6 94230   979-11-957271-9-3 94230(세트)
ⓒ AHOPE, 2023, Printed in Korea

이 책은 저작권법에 따라 보호받는 저작물이므로 무단전재와 무단복제를 금지하며,
이 책 내용의 일부 또는 전부를 이용하려면 반드시 저작권자와 AHOPE의 서면 동의를 받아야 합니다.

*파본이나 잘못된 책은 구입하신 곳에서 바꿔드립니다.